Katharina Stein

Nach dem Aufprall

story.one – Life is a story

schreib's auf
story.one

1. Auflage 2022

Herstellung, Gestaltung und Konzeption:
Verlag story.one publishing - www.story.one
Eine Marke der Storylution GmbH

Gesetzt aus Crimson Text und Lato.

Printed in the European Union.

ISBN: 978-3-7108-1463-1

Weil selbst die dunkelsten Stunden nicht
das Ende der Geschichte sind

INHALT

Ouvertüre

Er küsst seine Tochter zum Abschied. Sie schaut ihn aus großen Augen an, aus großen Augen mit ungetrübter Seele, sie lacht und streckt die Hände nach ihm aus und schmiert fast Brei an seine zu eng gebundene Krawatte. Er weicht ihr aus und würde sie doch am liebsten nur in seine Arme nehmen.

Hemd und Sakko schlackern an ihm, sind zu weit geworden in den letzten Monaten. Er hat abgenommen, hat seine Zeit mit Liegestützen und Sit-Ups gefüllt in einem ewigen Kampf gegen die eigene Trägheit, weil er nicht nur reglos sitzen und vermissen kann. Wenn schon die Welt nicht zu besiegen ist, besiegt er zumindest sich selbst, beweist sich, dass er immer noch etwas erreichen kann.

Der Motor des alten VW stottert beim Anlassen. Kurz erfasst ihn Panik, dass das Auto nicht starten könnte, dass er es nicht einmal bis zu der Firma schafft, von der er sich geschworen hat, ihr fernzubleiben, komme was wolle. Nun ist sie seine letzte Hoffnung. Theo lässt ihn nicht im

Stich, springt nach kurzem Zögern an und schnurrt katzensanft die Straße entlang.

Theo – so hat Sarah sein Auto getauft. Sie hat den Polo genau gemustert und beschlossen, dass er einen Namen verdient. Irgendwie hat er sich daran gewöhnt, wie an all die Veränderungen, die sie bewirkt hat und auf denen sich nun langsam Staub sammelt.

Julian Mücke erwartet ihn schon, als er das Autohaus betritt: gegelte Haare, joviales Lächeln, erdrückend selbstzufriedener Blick, ein Abziehbild seines früheren Ichs. Sie kennen sich noch aus der Schule, waren schon damals erbitterte Rivalen. Beide in der hintersten Reihe im Klassenzimmer und hinter den gleichen Mädchen her. Sie haben die gleiche Scheiße gebaut, die gleiche Lust am gegenseitigen Hass gespürt. Nur selten hatte einer von ihnen die Oberhand. Heute ist das anders.

»Um der alten Zeiten willen.« Er hat die Worte am Telefon benutzt, und sie sind eine Einladung zu Demütigung und Rache gewesen. Sie wissen beide, dass Mücke jeden Moment auskosten wird.

Eigentlich läuft das Vorstellungsgespräch nicht schlecht – er ist ein guter Verkäufer, er kennt die Gegend und die Kunden. Er glaubt zu sehen, dass Mücke das widerwillig anerkennt. Vielleicht ist das aber auch nur blinde Hoffnung darauf, dass doch wieder alles in Ordnung kommt.

»Ich melde mich.« Wieder das schmierige Grinsen und der überhebliche Blick, aber immerhin ist es keine Absage. Auf dem Weg nach draußen schluckt er schwer, weil er tanken muss und sich eigentlich schon die Hinfahrt nicht leisten konnte – aber mit dem Bus bei Mücke auftauchen, das wäre nicht gegangen, das hätte er nicht ertragen.

Er kommt nach Hause und löst Sarahs Mutter ab. Er ignoriert ihre Blicke und stummen Vorwürfe, er ignoriert alles, was nicht Lilli, was nicht seine Tochter ist. Für sie tut er das alles. Für sie bleibt er in dem Haus, das Sarah eingerichtet hat, in einer Gegend ohne echte Chancen für ihn, vielleicht bald in einem Job, in dem er sich ausgerechnet von Mücke herumkommandieren lassen muss. Seine Tochter ist jedes Opfer wert.

Antworten

Er kann nicht schlafen. Nachts liegt er im Bett und vermisst Sarah. Er versteht nicht, wie ihr Duft noch immer im Schlafzimmer hängen kann, auch wenn sie seit Monaten tot ist. Als müsste sie jeden Moment aus dem Bad kommen, ihm ein Lächeln schenken und ihm sagen, wie glücklich sie ist. Denn das waren sie, trotz aller Sorgen, trotz aller Schwierigkeiten – glücklich.

Wann immer die Stille zu laut wird, nimmt er das Babyfon und wechselt auf die Couch, doch Schlaf bleibt auch dort eine Theorie. Er macht den Fernseher an, nimmt seinen Laptop, dröhnt sich zu mit Websites und billigen amerikanischen Krimiserien, alles, um für einen Moment nicht nachdenken zu müssen.

Wenn er nicht an Sarah denkt, denkt er an die Zukunft, die mit ihr gestorben ist. Er kann das Haus kaum bezahlen; er kann sich nicht so um Lilli kümmern, wie sie es eigentlich geplant hatten; er hat den Kontakt zu allen gemeinsamen Freunden verloren, weil die Lücke, die einmal Sarah war, zu sehr schmerzt, und seine eigenen alten Freunde fühlen sich nur nach Ballast an.

Irgendwann hat er es nicht mehr ausgehalten. Er hat gegoogelt und nach Hilfe gesucht. Gefunden hat er ein Forum für Männer, die wie er ihre Partner und mit ihnen den Halt verloren haben. Er ist nicht der einzige Schlaflose dort. Sie sprechen über ihre Sorgen und ihren Schmerz, wie sie es im echten Leben nie tun würden. Sie chatten über ihren Stolz, wenn sie ihre Kinder ansehen, darüber, dass sich mit dem Verlust alles verändert hat, über ihre Hilflosigkeit und die Ungerechtigkeit dieser Welt.

Er verrät mehr, als er sollte, erzählt von der Falle, die er für sich selbst gebaut hat. Er ist an dieses Haus gefesselt, an die Schulden und den gesunkenen Grundstückswert. Er ist an diese Gegend gefesselt, die Sarah nie ganz losgelassen hat und der er eigentlich schon entflohen war. Nur ihretwegen sind sie hierher zurückgekommen. Er ist an seinen Jugendfeind gefesselt, der ihm als Einziger eine Arbeit bieten kann, die ihn über Wasser hält. Vor allem aber fesselt ihn Lilli. Er möchte nicht, dass sie aufwächst, ohne zumindest den Teil von Sarah zu kennen, den sie in ihrem Zuhause hinterlassen hat.

Irgendwann schläft er doch, mit flackernden Fernsehbildern und Laptopleuchten im Gesicht. Er wird immer dünner, baut keine Muskeln auf, obwohl er so viel trainiert. Sein Körper wird schwach durch fehlende Ruhe und fehlenden Appetit, das lässt sich nicht kompensieren. Es macht ihn wütend, dass er dagegen machtlos ist; Schlaftabletten wagt er trotzdem nicht zu nehmen. Er hat Angst, nicht zu merken, wenn Lilli ihn braucht, ihren Hilferuf einfach zu verschlafen und sie im Stich zu lassen, wie Sarah ihn im Stich gelassen hat.

Sie ist nicht als einzige tot. Der andere Fahrer ist in sie hineingerammt, hatte vermutlich einen Herzschlag hinterm Lenkrad, ein alter, knittriger Mann, der drei Orte weiter lebte und drei Reihen hinter Sarah bestattet wurde. Niemand hat Schuld, und doch ist er wütend, auch auf Sarah. Und das kann er sich nicht verzeihen.

Neuanfang

Der Transponder für die Autohaustür wiegt schwer an seinem Schlüsselbund. Lillis kleine Hände patschen auf den Boden, als er sich von ihr verabschiedet. Sie würdigt ihn keines Blickes, ist voll eingenommen von einer neuen Puppe, die Sarahs Mutter ihr gekauft hat. Er hat versucht, sich mit ihr darüber zu streiten – schon wieder neues Spielzeug statt dem, was sie wirklich dringend bräuchten – doch Helga hat alles an sich abprallen lassen und sich wortlos der Kleinen zugewandt.

Sie hat sich das angewöhnt, seit Sarah gestorben ist. Sie sieht durch ihn hindurch, ignoriert, dass er existiert und Lillis Vater ist. Nicht einmal die Beerdigung konnte er gemeinsam mit ihr vorbereiten. Letzten Endes war es so, als hätten zwei Veranstaltungen gleichzeitig stattgefunden – eine für Helgas Tochter und eine für seine Frau. Die Kluft zwischen ihnen ist nicht neu, sie existiert schon, seit er ein Teil von Sarahs Leben wurde. Durch ihren Tod ist sie unüberbrückbar geworden.

Entschlossen löst er sich von Lillis Anblick, während ihr Lachen ihn in den Flur verfolgt. Der erste Arbeitstag wartet auf ihn, drängt sich ihm auf. Er sollte erleichtert sein und hat stattdessen nur Angst, was es bedeuten wird, unter Mücke zu stehen. In Gegenden wie ihrer entwächst man keinem Groll. Man trägt ihn mit sich herum, aus Tradition ebenso wie aus Überzeugung, nährt ihn mit Klatsch und Konfrontationen. Sie haben schon zu viel gemeinsame Geschichte, zu viel einander zugefügten Schmerz, um sich je anzunähern. Der Abgrund zwischen ihnen ist ebenso unüberwindbar wie der zu Helga.

Sein Hemd ist schon lange durchgeschwitzt, als er das Autohaus erreicht. Die Gebrauchtwagen grüßen ihn, stehen Spalier für den neuen Verkäufer. Er hat die Mappen durchgesehen, weiß genau, welche Wagen vorrätig sind und zu wem sie passen. Die Glasfassade wirft ihm Sonnenlicht in die Augen.

Er staunt selbst, wie leicht er in den Trott zurückfindet, auch nach mehr als einem Jahr ohne Arbeit. Er fügt sich ein in den Ton der anderen Verkäufer, ein wenig großspurig, nie zu persönlich. Sein Lächeln sitzt ebenso gut wie die Krawatte, diesmal hat er den Knoten richtig hinbekommen, diesmal haben seine Finger nicht zu sehr gezittert. Er kann sich selbst dabei zusehen, wie er die Rolle spielt, und fast macht es ihn stolz, dass er nichts verlernt hat, dass er noch immer gut ist in dem, was er tut. Julian Mücke beobachtet ihn, lungert die ganze Zeit im Hintergrund. Eigentlich soll er eingearbeitet werden, aber die anderen geben nur ätzende Kommentare ab, wenn er einen Fehler macht.

Am Feierabend geht er nicht pünktlich; noch ein Punkt für die Liste seiner Unzulänglichkeiten, die Helga führt. Aber er weiß genau, dass er es sich nicht leisten kann, nachlässig zu scheinen. Zu viel hängt davon ab, dass er Mücke keinen Vorwand liefert, ihn sofort wieder loszuwerden.

Chancen

An Sonntagabenden ist im Forum viel los. Die Familienausflüge sind unternommen, die Arbeitswoche startet bald, und normalerweise war das die Zeit, in der Sarah und er – und all die anderen Paare, wie er staunend bemerkt – nur füreinander da waren. Sie saßen auf der Couch, Sarahs Kopf an seiner Schulter, manchmal mit einem Glas Wein oder einer Tasse Tee. Der Fernseher lief oder sie redeten oder Sarah las ihm aus einem Buch vor, das sie gerade neu angefangen hatte. Ihretwegen hatte er begonnen, Hörbücher zu hören und eine Liebe zu Geschichten zu entwickeln.

Seine Forumsgenossen fühlen sich wie er sonntags am einsamsten. Manchmal, wenn sie das vergessen wollen, reden sie über anderes. Es tut ihm gut, zu hören, dass er nicht allein ist: Dass auch andere sich alles hart erkämpfen mussten, dass auch andere nie große Träume hatten – etwas, das Sarah nie verstanden hatte. Wieder und wieder konnte sie sich darüber wundern, dass er zufrieden damit war, ein Hausmann zu sein, dass er sich beruflich nicht entwickeln wollte, lieber zuhause den Garten pflegte und ihr Abendessen kochte, dabei Hörbücher hörte und sich um Lilli kümmerte. Für sie wäre das nicht genug gewesen, und er versteht das, versteht es bis heute und hofft, Lilli diese Energie irgendwie schenken zu können, die für ihn ein Fremdkörper geblieben ist. Er fragt sich, ob das der Grund ist, aus dem seinem Leben seit Sarahs Tod die Richtung fehlt – weil sie es war, die für sie beide nach vorn gedacht hat, ihr unbedingter Wille zum Träumen, ihre Vorstellungskraft.

Gelegentlich sprechen sie im Chat auch über Politik. Manche schreiben ihre Wut heraus, die sich gegen den Tod richtet und doch nur die Regierung trifft, schreiben, weil sie nie eine Chance hatten, weil das System gegen sie war, weil sie alles und noch mehr verloren haben. Er hört zu und versteht und spürt einen Schrei in sich aufsteigen, der keinen Weg hinausfindet. Er kreist durch seine Venen, versucht, sich durch die Haut zu schieben, und bleibt ihm letzten Endes doch in der Kehle stecken.

Manchmal schimpft er mit – als sie beschließen, dass keine Ölheizungen mehr bestehen sollen, als das Benzin teurer wird, als wieder und wieder Hilfen versprochen werden und doch nicht bei ihnen ankommen. Manchmal denkt er darüber nach, was passiert wäre, wenn sie nicht zurück in die Gegend ihrer Kindheit gezogen wären – kein Haus, kein Unfall, kein Mücke. Meistens aber schweigt er, schweigt und spürt dem Schrei nach, der seit Sarahs Tod darauf wartet, herauszudürfen. Vielleicht aber auch schon viel länger.

Geister

»Draußen ist eine Kundin, die Pause ist um!« Mücke hat die Tür zum Hinterzimmer aufgestemmt und mustert ihn mit zusammengekniffenen Augen, wie er verschwindet zwischen weißem Hemd und dunklem Sakko, mit dem Gürtel, in den er schon das zweite zusätzliche Loch mit Sarahs Lochpistole gestochen hat. Das Haar seines Vorgesetzten schimmert in den Oberlichtern des Autohauses, und das erinnert ihn plötzlich an einen anderen Abend, an eine glänzende Straßenlaterne und schrilles Metallkreischen. Sie beide verdrängen diese Bilder mit aller Macht, verdrängen sie jeden Tag zusammen mit dem alten Groll.

»Ich kümmere mich darum «, verspricht er stattdessen, einsilbig, aber nicht unfreundlich. Sie haben sich diesen Ton beide angewöhnt, seit sie zusammenarbeiten, aber unter der Oberfläche schwelt die alte Feindschaft weiter. Sie sind aufeinander angewiesen; er ist ein guter Verkäufer und hat sich schnell unentbehrlich gemacht, und Mücke muss vor seinem Vater Erfolge vorweisen. Zumindest das hat sich seit ihrer Jugend nicht verändert.

An dem wuchtigen Tresen lehnt Frau Schütze, Mathe von der Achten bis zur Zehnten Schütze, Mücke links hinten im Klassenzimmer, er rechts. Sie trägt eine neue Frisur, nicht ganz modisch, aber doch gefärbt statt halb grau. Sogar eine Jeansjacke hat sie an, nicht nur müden Strick in grau oder schwarz. Die Rente steht ihr gut.

Sie erkennt ihn nicht sofort, aber als sie es tut, sieht er ihr die Freude an. Es hatte sich herumgesprochen, er und die Sarah Huber, dass sie wiedergekommen sind nach Ausbildung und Studium, kleines Kind und Haus, ach wie schön, dass er so viel erreicht hat! Sie freut sich so aufrichtig für ihn, dass er es nicht übers Herz bringt, sie an Sarahs Tod zu erinnern. Kurz will er es ihr vorwerfen, dass sie das einfach vergessen konnte, aber dann ist die Versuchung zu groß, ihre Zukunft noch einmal wiederauferstehen zu lassen. Die nächste Stunde lang lebt Sarah wieder auf, im Gespräch während der Probefahrt, in den Komplimenten und guten Wünschen, als sie den Kaufvertrag aufsetzen und unterschreiben, in seinem Lächeln, das in dieser kostbaren Stunde nicht mechanisch ist.

Als die Lehrerin gegangen ist, schließt er sich wortlos auf der Toilette ein und weint. Er lehnt kraftlos an der Kabinenwand, sein ganzer Körper bebt unter der Sehnsucht danach, nur noch ein einziges Mal »Sarah ist« oder »Sarah wird« zu sagen. Alles, nur kein Perfekt, kein Präteritum.

Als er nach draußen tritt, bröckelt für eine Sekunde die alte Feindschaft, als Mücke ihm zunickt, das Gesicht undeutbar verschlossen. Dann ist die Distanz wieder da.

»In zwei Wochen läuft meine Probezeit ab«, wagt er sich am Ende des Tages zu sagen, vorsichtig, zögernd. Die Antwort ist nur ein weiteres ausdrucksloses Nicken.

Reprise

Diesen Sonntag feiern sie – auch wenn die Probezeit noch nicht ganz um ist, glaubt er fest daran, die Stelle behalten zu können. Es ist alles egal, was geschehen ist, heute ist ein Tag, der tongebend für den Rest ihres Lebens sein soll, und er weiß genau, wie er seine Tochter und sich selbst glücklich machen kann.

Lilli sitzt sicher angeschnallt auf dem Rücksitz und murmelt leise im Schlaf. Er stellt das Autoradio nicht an, sondern hört lieber seiner Tochter und dem gleichmäßigen Rauschen von Theos Motor zu. Da waren wieder Geräusche beim Start, doch er hat beschlossen, sie zu überhören. Er wird sich darum kümmern, sobald genug Geld da ist. Nur nicht heute.

Das Freibad ist gut gefüllt; die Sommerhitze lockt Autos und Fahrräder aus dem Umland in das Schwimmbad am Baggersee. Er hockt sich neben Lilli in das Kinderbecken, während sie mit ihrer kleinen Plastikschaufel immer wieder auf das Wasser patscht, und wundert sich, dass so wenige Väter hier sind. Die meisten sitzen auf der Wiese und beobachten ihre Frauen und Kinder aus der Ferne. Die grellen Farben blenden ihn – wild gemusterte Bikinis und Badehosen, cyanblauer Himmel, sattes Wiesengrün.

Er badet im spiegelnden Sonnenglanz auf den Wellen, spürt zum ersten Mal seit langem das Licht auf seiner Haut, spürt es und staunt, dass dieser Teil der Welt noch immer existiert. Als Lilli hungrig wird, kauft er eine große Portion Pommes für sie beide, sieht dabei Sarahs Gesicht vor sich, wie sie sich lachend über die Ketchupmenge beschwert und dann doch eifrig mitgegessen hätte.

Fast fühlt er sich frei. Fast löst sich das Gewicht von seinen Schultern. Fast kann er vergessen, dass er Sarah vermisst, für diesen einen glorreichen Sommertag. Er cremt Lilli nochmals ein, besorgt einen Wasserball, spürt ihrer unbändigen, unschuldigen Freude in sich nach. So ist sein Leben schon einmal gewesen. Heute glaubt er daran, dass es irgendwann wieder so sein kann.

Einige von Sarahs Freunden – seinen Freunden, wie er sich selbst erinnern muss – haben sich zu einem Grüppchen zusammengefunden.

Er setzt sich nicht zu ihnen, aber sie begrüßen einander, sprechen über die Grenzen von Sarahs Tod hinweg, ein weiteres kleines Sommerwunder. Bevor er und Lilli nach Hause fahren, laden sie ihn ein – Grillparty, am gleichen Abend. Er willigt ein, lässt sich davontragen von der Leichtigkeit des Sommers.

Abschiede

Die Musik grüßt ihn, als er das Auto verlässt. Leichter Pop gliedert den Abend, ploppende Bierflaschendeckel, zischendes Grillfeuer unter Steaks. Die alte Runde ist komplett, Sarahs und seine Freunde sind alle zusammengekommen. Sie heißen ihn herzlich willkommen, wenn auch nicht unbefangen, nicht im ersten Moment. Dann nehmen sie ihn auf, als wäre er nie fortgewesen.

Wenn er spricht, dann vor allem von Lilli, während sie und die anderen Kinder durch die sprenklerfeuchte Wiese tapsen; ein Vater jagt die älteren mit einem Gartenschlauch, ein anderer bläst Seifenblasen in Richtung seines Sohnes. Davon abgesehen hat er nicht viel zu sagen. Über Sarah möchte er nicht sprechen, seine Arbeit scheint langweilig und blass im Vergleich zu den Ärzten Ingenieuren, Lehrern am Tisch.

Er hat seit Ewigkeiten kein Bier mehr getrunken, und die eine Flasche, die er sich gönnt, legt sich schwer auf seine Kehle. Als ein Joint die Runde macht, lehnt er ab. Früher haben er und

Sarah sich damit abgewechselt, einen klaren Kopf zu behalten, wie die anderen Paare es noch immer tun – jetzt wird ihm klar, dass er noch viele Jahre nüchtern bleiben muss. Diese Vorstellung hat ihn lange nicht mehr gestört, aber heute ist die Versuchung groß, sich in den Rausch zu stürzen.

Nine ist da, mit ihrem Sohn Lukas, der so alt wie Lilli ist. Sie ist frisch geschieden, ihr Mann ist ans andere Ende des Landes verschwunden. Sie fühlt sich ebenso alleingelassen wie er, und sie genießen es beide, mit einem Menschen darüber reden zu können, der das versteht. Irgendwann fragt er sie, ob sie manchmal auf Lilli aufpassen könnte. Es kostet ihn viel Überwindung, doch der Versuch ist es wert, um Helgas Einfluss ein Stück weit zu entkommen. Sie lächelt ihn an, plötzlich distanziert, murmelt etwas von ihrem eigenen Job und dem eigenen Kind, das manchmal schon zu viel ist.

Er versteht sie gut. Die Enttäuschung sitzt trotzdem tief und lässt das Gespräch bald versiegen.

Während die Menschen um ihn herum immer betrunkener werden oder mit ihren Kindern beschäftigt sind, fragt er sich, was von ihrem gemeinsamen Leben mit Sarah er sich ausgesucht hatte und wie viel in Wahrheit allein ihr gehörte. Er passt nicht in diese Runde, die ihn nur wegen dieser alten, toten Überschneidung bei sich akzeptiert. Sie sprechen nicht die gleiche Sprache, teilen nicht die gleichen Gedanken.

Als er geht, irgendwann spät, umarmt er sie alle. Es ist ein Abschied auf Immer, auch wenn niemand es ausspricht, ein Abschied von der Vergangenheit. Unter dem Sternenhimmel treiben sie langsam nach Hause. Er findet den Hausschlüssel nicht, und ihm fehlt die Kraft, um den Wagen danach zu durchsuchen. Er benutzt den Zweitschlüssel unter der Fußmatte und trägt die schlafende Lilli ins Bett.

Zum ersten Mal seit Sarahs Tod schläft er durch.

Rückfall

Am Montagmorgen kann er zunächst nicht aufstehen. Er ist nicht verkatert, nicht einmal müde, aber die Trauer trifft ihn hart wie am ersten Tag. Er meldet sich krank, schafft es kaum, sich um Lilli zu kümmern, trinkt selbst nur schwarzen Kaffee und bekommt Sodbrennen davon.

Das Forum lockt ihn zu sich zurück; während der Fernseher läuft und Lilli die neueste Puppe von Helga durchs Wohnzimmer zieht, scrollt er sich durch die Gespräche des letzten Abends. Bis auf ein paar wenige Mitglieder, die schon in Rente sind, ist an einem Montagmorgen niemand online.

Offenbar gab es Streit. Es ging wieder einmal um die Regierung, und einige Mitglieder haben sich zusammengeschlossen gegen einen Nutzer, den er eigentlich immer mochte. Sie haben ihn beschuldigt, ihm Lüge und Hetze vorgeworfen, als würden sie nicht alle die gleiche Wut empfinden. Er schreibt dem Angegriffenen eine Nachricht, fragt, ob alles bei ihm in Ordnung ist.

Den Rest des Tages verbringt er mit Sport, müht seinen Körper in Kniebeugen und Planks, erkämpft sich Runde um Runde die Kontrolle über seinen Geist zurück. Verbannt Sarah aus seinen Gedanken, dreht Musik auf, die er nicht mehr gehört hat, seit er sechzehn war. Verdrängt die gemeinsame Zeit, um die Gegenwart ertragen zu können.

Sein Arzt empfiehlt ihm, die ganze Woche Zuhause zu bleiben, und er widerspricht nicht. Mit dem Schein in der Hand kann nicht einmal Mücke ihm etwas vorwerfen, und so erlaubt er es sich, den Abschied von seinem alten Leben endgültig zu zelebrieren.

Am Mittwoch räumt er die Wohnzimmermöbel um. Er schiebt die Couch näher ans Fenster; Sarah mochte das nicht, aber er liebt das Licht im Gesicht. Er räumt einige ihrer Bücher in Kisten, stellt auf das leere Brett stattdessen das Modell eines alten Jaguars, das ihm sein Großvater zum Ausbildungsende geschenkt hat.

Sarahs Geruch ist verflogen, als er am Samstag das Schlafzimmer betritt – von einem Tag auf den anderen hat er sich aufgelöst, hat Platz gemacht für seine Ideen und seinen Schlaf. Sie lädt ihn ein, das Haus zu verändern, langsam, Raum für Raum, sodass Erinnern zur Entscheidung wird statt zum Zwang.

Abschied hört nie ganz auf. Aber langsam bekommt er Übung darin, Kleinigkeit um Kleinigkeit, Entscheidung um Entscheidung die Konsequenz daraus zu ziehen, dass Sarah nie wieder Teil seines Lebens sein wird. Das Forum begleitet ihn, spornt ihn an. Sie alle wünschen einander gute Enden. Der Nutzer, dem er am Montag geschrieben hat, loggt sich nicht wieder ein.

Alte Wunden

Die Erkenntnis, dass der verlorene Schlüsselbund nicht im Auto liegt, ist ein Schock. Er hat Angst, es Mücke zu beichten, Angst, dass es ihn den Job kostet – aber er hat ihn nur verloren, so etwas kann passieren, er ist versichert. Er spricht es sich selbst im Kopf vor, um ruhiger zur Arbeit gehen zu können. Drei Atemzüge vor wichtigen Momenten, das hat Sarah immer getan, und heute tut er es auch.

Mücke erwartet ihn bereits – kein Gruß, kein höflicher Tonfall, nur die ganze alte Feindschaft, deren volles Gewicht sie beide plötzlich wieder spüren, als sie sich gegenüberstehen.

»Hier sind gestern drei Wagen verschwunden, einfach so, ohne Einbruchsspuren. Stattdessen wurde dein Transponder benutzt. Hast du dafür vielleicht eine Erklärung?« Mückes Stimme ist so kalt wie sein Blick.

Er erstarrt, sprachlos, der Schreck lähmt ihn, lähmt selbst den Hass auf den kleinen Mann vor ihm, der sich zu voller Größe aufplustert. Kein

Wort kommt über seine Lippen.

»Ich hatte wirklich gehofft, du hast dich verändert, aber ich habe mich getäuscht. Ich dachte, du hättest deine Lektion irgendwann gelernt, bist erwachsen geworden. Aber nein, du hast mein Vertrauen genauso wenig verdient wie damals.« Mit jedem Wort steigt mehr Röte in Mückes Gesicht, während seine Stimme durch den Ausstellungsraum hallt.

Und plötzlich bricht er hervor – der Schrei, der angestaute, unlösliche Schrei, der seit Sarahs Tod in seiner Kehle und in seinem Bauch steckt.

»Nicht nur ich habe damals Scheiße gebaut. Du weißt doch bis heute nicht, was echte Konsequenzen sind, du machst es dir immer noch bequem in Papis Autohaus und auf Papis Geld! Ich würde niemals jemanden bestehlen. Und dass du das auch nur in Erwägung ziehst, sagt mehr über dich aus als über mich. Du bist das gleiche Arschloch und der gleiche Feigling wie früher!«

Dann: Stille. Lange, sich ins Endlose dehnende Stille, bis er wieder schreit, immer weiter schimpft, weil sich alles Raum bahnt, das er seit seiner Jugend mit sich herumträgt. Seit dem Unfall, den Mücke und er mit den Autos ihrer Eltern gebaut hatten, seit den einzigen Prügeln seiner Kindheit. Der Unfall, von dem er noch immer glaubt, dass allein Mücke ihn dazu angestiftet hat. Sein Verstand weiß, dass sie beide Idioten waren, doch gerade ist das egal. In diesem Moment bleibt nur noch eines: Mückes Schuld. Mückes Schuld damals, Mücke, der vermutlich dem Alten das Auto verkauft hat, mit dem Sarah totgefahren wurde.

»Raus. Verschwinde und wag es ja nicht, jemals wieder hierherzukommen.«Mückes Urteil folgt schnell und gnadenlos, endgültig nach dem, was nie hätte ausgesprochen werden dürfen.

Er macht sich nicht mehr die Mühe, vom verlorenen Transponder zu erzählen, macht sich nicht die Mühe, Entschuldigungen vorzubringen, an die er ohnehin nicht glaubt. Er weiß, dass er verloren hat, dass Mücke der Mächtigere ist und dass er es vergeigt hat.

Er hat seine einzige Chance auf eine Zukunft in dieser Stadt weggeworfen – und doch fühlt er sich unendlich frei.

Risse

Als er nach Hause kommt, steht Helga im Flur und weint. Unter ihren Pantoffeln klirren Scherben, als sie sich zu ihm umdreht, Scherben von zahllosen Bilderrahmen, die nun nicht mehr an der Wand hängen, sondern auf dem Boden liegen und unter Helgas Füßen immer weiter zersplittern. Sarah hatte die Rahmen ausgesucht, hatte die Bilder gewählt und aufgehängt und darüber gelacht, dass sie nicht mit einer Wasserwaage umgehen konnte. Es ist so, als wäre ihr Glück erneut zerborsten.

Er steht am Eingang, reglos, und sie starren einander nur an, schweigend. Auf dem Boden: eine schwangere Sarah mit breitem Grinsen, sein Arm um sie geschlungen – Lilli und Sarah mit Eiscreme um die Münder, lachend und mit großen Augen – Sarah und er im Park der Stadt ihres Wiedersehens, frisch verliebt – er im Strandkorb, mit der winzigen Lilli auf dem Arm – Sarah beim Erdbeerpflücken im Garten – Sarahs Abschlussfoto aus der Abiturklasse – sein bierselig grinsendes Gesicht an einem ansonsten vergessenen Tag.

»Ich werde Lilli zu mir holen.« Sarahs Mutter steht in den Scherben seiner glücklichen Momente, den Rücken durchgedrückt, um größer zu wirken. »Du warst nie als Vater geeignet und du wirst nicht das Einzige behalten, was mir von meiner Tochter geblieben ist.«

Er spürt den Schrei erneut in sich hochsteigen, zum zweiten Mal an diesem Tag. Den Schrei, der immer wieder in ihm gebrodelt hat in diesem Haus, in seiner Einsamkeit. Aber er sagt nur ein Wort – ein Wort, das er schon längst hätte sagen müssen, ein Wort, das er sich von Sarah gewünscht hätte und das sie nie gewagt hat, gegen ihre Mutter auszusprechen: »Nein.«

Mehr gibt es nicht zu sagen zwischen ihnen. Helga lacht höhnisch, ein Lachen, das Sarah nie ganz losgelassen hat, das sie begleitete und sie oft ernster erscheinen ließ, als sie tatsächlich war. »Du bist ein Schmarotzer. Du hast Sarah nicht einmal einen Antrag gemacht, aber dich von ihr durchfüttern lassen. Du hast nichts hiervon verdient, und es ist nur eine Frage der Zeit, bis du bis zum Hals in Schulden steckst. Also, was denkst du – wem vertraut man wohl eher ein Kind an? Dir oder mir?«

»Raus. Verschwinde und wag es ja nicht, jemals wieder hierherzukommen.« Es sind Mückes Worte, und doch gehören sie dieses Mal ihm allein. Der Schrei spricht aus ihm, bricht sich zum zweiten Mal Bahn, richtet sich gegen alles, was falsch und ungerecht ist. Helga mustert ihn, Tränen auf den Wangen und ungedämpften Hass ins Gesicht geschrieben. Dann stolziert sie an ihm vorbei, knackendes Glas unter den Füßen, hebt ihre Stiefel auf dem Weg hoch und verlässt das Haus, in Pantoffeln, mit Scherben, die vermutlich durch die weichen Sohlen in ihre Füße gedrungen sind.

Ihn durchfährt plötzlich stechende Angst, seine Tochter wirklich zu verlieren, gegen einen solchen Willen nicht ankommen zu können und sie Helga auszuliefern, wie schon Sarah ihr ausgeliefert gewesen war. Sie war immer schon stärker als er gewesen, und selbst sie hatte es nie ganz aus Helgas Schatten geschafft.

Antrieb

Es ist Zeit – er fühlt es, fühlt, dass das Schicksal es gut mit ihm meint, dass alles auf diesen Moment zugelaufen ist und dass er nun endlich bereit ist, sich ihm zu stellen. Er hastet durch das Haus, rastlos, ruhelos, schnappt sich hier ein paar Kleidungsstücke, dort ein paar Fotos, Sarahs Sofakissen, Lillis Hasen und ihre Lieblingskekse, seinen alten Schlafsack aus dem Keller, die Winterreifen für Theo, Sarahs Schmuck, seinen Laptop.

Er benutzt keine Koffer oder Taschen, es sei denn, sie fallen ihm gerade in die Hände. Schicht um Schicht belädt er Theo mit seinem bisherigen Leben, nimmt Teile der Vergangenheit mit, lässt andere zurück. Er weiß noch nicht, wohin er fahren wird. Das ist auch egal – vielleicht Richtung Westen, vielleicht hoch ans Meer, vielleicht nach Bayern in die Berge. Hauptsache weit weg, Hauptsache Neuanfang. Er glaubt zu spüren, dass Sarah stolz auf ihn wäre.

Die Nachbarin schaut ein wenig irritiert, aber grüßt nur wie immer und er grüßt zurück. Er ist wie betrunken – fühlt es sich so an, große Träume zu haben, ist es das, was Sarah gemeint hat? Sein Körper pumpt Adrenalin, alles schreit Aufbruchsstimmung, alles schreit Veränderung.

Fort von Helga und Mücke und all den bösen und guten und schmerzhaften Erinnerungen. Fort von dem Haus, das ohnehin auf Sarahs Namen läuft; soll sich doch Helga mit den Raten herumschlagen, irgendwie wird er es schon schaffen. Sein Gefühl sagt ihm, dass er jetzt alles schaffen kann.

Er füllt Sarahs Lieblingstasse mit kaltem Kaffee vom Vormittag und trinkt ihn gierig in großen, schnellen Schlucken. Vor einer Weile hat er rein hypothetisch im Forum nach Tipps gefragt, wohin es ihn ziehen könnte. Jetzt schwebt eine Antwort nach der anderen durch seine Gedanken, und er freut sich über die Möglichkeiten, die sich ihm plötzlich eröffnen.

Lilli lässt sich von ihm anstecken, sie folgt ihm auf Schritt und Tritt, so schnell ihre ungeübten Beine sie tragen, und hält ihm Spielzeug und Kleidung und Kleinigkeiten entgegen, die alle einen Platz in Theo finden.

Irgendwann ist der Kofferraum voll, ebenso wie der Rücksitz und der Fußraum zum Beifahrersitz. Hinten hat er eine letzte Sporttasche voller ganz besonderer Dinge angeschnallt – Sarahs Fotoalben, ihr Lieblingspullover, den er Lilli irgendwann schenken will, die letzte Flasche ihres Shampoos, an der er noch gelegentlich gerochen hatte, wenn er unter der Dusche stand, das Kinderbuch, das sie selbst für Lilli gezeichnet hatte. Auch ihre Tagebücher nimmt er mit; er hat sie kurz nach ihrem Tod gefunden, aber nicht angerührt.

Er schnallt Lilli an und lässt ihre liebsten Kinderlieder laufen, singt lauthals selbst die nervigsten Texte mit. Die Euphorie trägt ihn, ein Optimismus, den er verloren geglaubt hatte, erfüllt ihn. Theo stottert kurz, als er den Zündschlüssel dreht. Dann fahren sie los.

Katharsis

Der Tank ist leer – der große Plan, das Entkommen gerät ins Stocken. Kein Durchziehen, Strecke machen, stattdessen ein Stopp an der Tankstelle. Er lässt Lilli auf ihrem Sitz neben sich, während er den Tank füllt. Die Kinderlieder verfolgen ihn zur Tür des kleinen Verkaufsraums.

Ein Junge steht hinter der Kasse und schaut ihm entgegen – blass, picklig, leicht fettige Haare, die Sorte, die zu seiner Zeit ein leichtes Opfer war. Er lächelt, will heute anders sein als damals und versucht, der Euphorie des Aufbruchs nachzuspüren. Sie hat sich im Benzingestank völlig verflüchtigt.

»Bar oder Karte?« Die Langeweile seines Jobs schwingt in den Worten des Pickelgesichts mit. Er schnappt sich ein Mars und einen Energydrink, hat noch nichts gegessen und hofft, sich dadurch wieder aufzuputschen, dann zückt er die Karte, legt sie auf das Gerät, tippt die PIN, alltägliche Handgriffe, doch irgendetwas schreit Fehler.

Er wartet nicht auf den Beleg, will schon nach draußen gehen, da hält ihn die Stimme des Jungen auf. »Sorry, das hat nicht geklappt.«

Bleischwerer Schrecken. Der Monat war knapp, das sind sie alle, aber das kann nicht sein. Es kann nicht sein, es muss funktionieren. Er zwingt sich zum Stehenbleiben, zwingt sich zurück zur Kasse, zwingt sich erneut zu jedem einzelnen Handgriff – Karte nicht akzeptiert.

Der Junge beginnt zu stottern, Entschuldigungen, Unsicherheiten. »Haben Sie denn nicht vielleicht Bargeld dabei?« und »Ich mach das auch noch nicht lange« und »Sorry, ich suche kurz die Anleitung« – nervöses Kramen unterm Tisch, nervöse Worte, um die Stille zu füllen, nervös, nervös, nervös.

Er spürt den Schrei in sich pulsieren, spürt ihn wie einen zweiten Herzschlag, spürt ihn wachsen und nach oben drängen, in seinen Kopf, in seine Hände, bis nichts mehr übrig ist von ihm, von der Trauer, von der Angst.

Dann schlägt er zu. Der Junge ist gerade mit einem Ordner voll zerfledderter Papiere wieder auf die Füße gekommen, hat nicht mit dem Angriff gerechnet. Das Pickelgesicht taumelt rückwärts gegen die Zigarettenwand und er nutzt die Gelegenheit – die Tankstelle ist alt, nicht abgesichert für so etwas. In Sekunden ist er über den Tresen und Schläge und Tritte und Flüche prasseln auf den Jungen ein, der winselnd auf dem Boden liegt.

Was musste er ihn auch stoppen, nun endlich, wo er sich lösen konnte von diesem verschissenen Leben? Warum konnte er ihn nicht einfach gehen lassen?

Der Rausch hält nur wenige Minuten an. Draußen begrüßen ihn Kinderlieder und Lilli auf dem Rücksitz, die ihm glücklich »Papa!« entgegenruft, als er die Autotür hinter sich zuwirft. Theo stottert, länger diesmal, aber er springt an, Flucht, weg, nur weg.

Sie fahren, egal wohin, Hauptsache Richtung Autobahn. Seine Hände sind klebrig, von Schweiß, von Blut, er wagt nicht hinzusehen. Ein Zittern erfasst ihn, plötzlich und unwillkürlich, doch das Fahren gibt ihm Halt. Im Radio singt Rolf Zuckowski vom Reisen.

Finale

Die Angst sitzt ihm im Nacken, Angst vor sich selbst, Angst davor, Lilli zu verlieren, Angst vor dem Wasjetzt. Er versteht nicht, was geschehen ist, nur ein Chor von Vorwürfen in seinem Kopf. Die Musik hat er abgedreht; Lilli weint, aber er kann nicht anhalten, noch nicht.

Er zwingt sich zur Ruhe, weil er die Kurven zu scharf nimmt, weil das seine Tochter gefährdet und weil sie das Einzige ist, was jetzt noch eine Rolle spielt. Auf eines läuft es hinaus: Er muss untertauchen, um sie nicht zu verlieren, irgendwo, irgendwie. Der Schrei schweigt, ist endlich heraus und kann ihm nun nicht mehr helfen.

Theo macht seltsame Geräusche, er hört es, hört es und nimmt es doch nicht wahr. Dann, plötzlich: Ein letztes Rattern und dann nichts mehr. Mitten auf der Straße rollt der Wagen aus und jault nur noch kläglich, als er den Zündschlüssel dreht.

Er ist mechanisch der Straße gefolgt, hat nicht

auf die Umgebung geachtet, nicht auf die Strecke, die ihm ohnehin in Fleisch und Blut übergegangen ist. Jetzt sieht er sich zum ersten Mal um.

Sattes Grün und Schwüle erwarten ihn hinter der Leitplanke. Er steigt aus – es hat ja doch keinen Sinn mehr – und holt Lilli aus dem Auto. Sie muss er schützen, ganz egal, was mit ihm passiert. In seinen Armen beruhigt sie sich langsam, verlangt nach Aufmerksamkeit, die er ihr gerade nicht geben kann. Er ist wie gelähmt, weil er ganz genau weiß, wo er zum Stehen gekommen ist, weil das Schicksal gewesen sein muss.

Die Blumen, die er für Sarah gepflanzt hat, leuchten in den Lichtflecken zwischen den Bäumen. Sie hat hier auf ihn gewartet, neben dem Kreuz mit ihrem Namen, und er sieht sie vor sich, mit tadelndem Blick, aber auch verständnisvoll, mit einem kleinen traurigen Lächeln im Gesicht. So hat sie immer ausgesehen, wenn er in alte Muster zurückgefallen ist, wenn er für einen Moment vergessen hat, dass er mit ihrer Hilfe ein besserer Mensch geworden ist, dass er nach seiner Ausbildung als anderer Mensch hierher zurückgekommen ist. Stattdessen haben wieder Wut und Verachtung die Kontrolle an sich gerissen.

»Seit du weg bist, habe ich alles falsch gemacht.« Er will es flüstern, doch es wird ein Wimmern daraus, dann ein Schluchzen. Mit Lilli auf dem Arm bricht er zusammen, bricht ein und kommt neben dem Kreuz auf dem Boden auf. »Verzeih mir. Oh, bitte, bitte verzeih mir.«

Er hasst den Menschen nicht, der er einmal war, doch es gibt auch keine Wiedersehensfreude, als mehr und mehr die alte Härte und der alte Trotz die Führung übernehmen, die ihn zu Fehlern verleiten, aber auch zum Handeln zwingen. Und doch ist da auch etwas von seinem neuen Ich geblieben, das Sarahs Tod nicht auslöschen konnte: Verantwortung.

Mit steifen Fingern holt er das Handy aus seiner Hosentasche und wählt. Dann erzählt er unter Schluchzern die ganze Geschichte, erzählt sie, legt auf und wartet auf das Urteil. Ein Polizeiwagen wird bald da sein. Lilli beugt sich vor in seinem Arm und spielt mit den Blüten eines Vergissmeinnichts.

Katharina Stein

Katharina Stein schreibt Kurzgeschichten, Lyrik und alles, was irgendwo dazwischen liegt. Sie ist Wahlberlinerin seit 2013 und hat das Autor:innennetzwerk #BerlinAuthors mitbegründet. Dort organisiert sie Events und ist Mitherausgeberin einer jährlich erscheinenden Anthologie. Nebenbei arbeitet sie freiberuflich als Lektorin und Übersetzerin.

Katharina Stein schreibt auf

www.story.one

schreib's auf
story.one

Faszination Buch neu erfunden

Viele Menschen hegen den geheimen Wunsch, einmal ihr eigenes Buch zu veröffentlichen. Bisher konnten sich nur wenige Auserwählte diesen Traum erfüllen. Gerade mal 1 Million Autoren gibt es heute – das sind nur 0,0013% der Weltbevölkerung.

Wie publiziert man ein eigenes story.one Buch? Alles, was benötigt wird, ist ein (kostenloser) Account auf story.one. Ein Buch besteht aus zumindest 12 Geschichten, die auf story.one veröffentlicht und dann mit wenigen Clicks angeordnet werden. Und durch eine individuelle ISBN kann jedes Buch dann weltweit bestellt werden.

Jede lange Reise beginnt mit dem ersten Schritt – und dein Buch mit einer ersten Story.

Wo aus Geschichten Bücher werden.

#storyone #livetotell